U0022902

書名：靈城精義箋
系列：心一堂術數珍本古籍叢刊 堪輿類 沈氏玄空遺珍系列 一
作者：沈竹礽
主編、責任編輯：陳劍聰
心一堂術數古籍珍本叢刊編校小組：陳劍聰 素聞 梁松盛 鄒偉才 虛白盧主

出版：心一堂有限公司
通訊地址：香港九龍旺角彌敦道六一〇號荷李活商業中心十八樓〇五—〇六室
深港讀者服務中心：中國深圳市羅湖區立新路六號羅湖商業大廈負一層〇〇八室
電話號碼：(852)67150840
網址：publish.sunyata.cc
電郵：sunyatabook@gmail.com
網店：http://book.sunyata.cc
淘寶店地址：https://shop210782774.taobao.com
微店地址：https://weidian.com/s/1212826297
臉書：https://www.facebook.com/sunyatabook
讀者論壇：http://bbs.sunyata.cc/

版次：二零一零年十二月再版
平裝：彩色

定價：新台幣 五百六十元正

國際書號：ISBN 978-988-18726-9-2

版權所有 翻印必究

香港發行：香港聯合書刊物流有限公司
地址：香港新界大埔汀麗路36號中華商務印刷大廈3樓
電話號碼：(852)2150-2100
傳真號碼：(852)2407-3062
電郵：info@suplogistics.com.hk

台灣發行：秀威資訊科技股份有限公司
地址：台灣台北市內湖區瑞光路七十六巷六十五號一樓
電話號碼：+886-2-2796-3638
傳真號碼：+886-2-2796-1377
網絡書店：www.bodbooks.com.tw
台灣國家書店讀者服務中心：
地址：台灣台北市中山區松江路二〇九號一樓
電話號碼：+886-2-2518-0207
傳真號碼：+886-2-2518-0778
網絡書店：http://www.govbooks.com.tw

中國大陸發行 零售：深圳心一堂文化傳播有限公司
深圳地址：深圳市羅湖區立新路六號羅湖商業大廈負一層〇〇八室
電話號碼：(86)0755-82224934

心一堂微店二維碼

心一堂淘寶店二維碼

心一堂術數古籍珍本叢刊 總序

術數定義

術數，大概可謂以「推算、推演人（個人、群體、國家等）、事、物、自然現象、時間、空間方位等規律及氣數，並或通過種種『方術』，從而達致趨吉避凶或某種特定目的」之知識體系和方法。

術數類別

我國術數的內容類別，歷代不盡相同，例如《漢書・藝文志》中載，漢代術數有六類：天文、曆譜、無行、著龜、雜占、形法。至清代《四庫全書》，術數類則有：數學、占候、相宅相墓、占卜、命書、相書、陰陽五行、雜技術等，其他如《後漢書・方術部》、《藝文類聚・方術部》、《太平御覽・方術部》等，對於術數的分類，皆有差異。古代多把天文、曆譜、及部份數學均歸入術數類，而民間流行亦視傳統醫學作為術數的一環；此外，有些術數與宗教中的方術亦往往難以分開。現代學界則常將各種術數歸納為五大類別：命、卜、相、醫、山，通稱「五術」。

本叢刊在《四庫全書》的分類基礎上，將術數分為九大類別：占筮、星命、相術、堪輿、選擇、三式、讖緯、理數（陰陽五行）、雜術。而未收天文、曆譜、算術、宗教方術、醫學。

術數思想與發展——從術到學，乃至合道

我國術數是由上古的占星、卜著、形法等術發展下來的。其中卜著之術，是歷經夏商周三代而通過「龜卜、著筮」得出卜（卦）辭的一種預測（吉凶成敗）術，之後歸納並結集成書，此即現傳之《易經》。經過春

秋戰國至秦漢之際，受到當時諸子百家的影響、儒家的推崇，遂有《易傳》等的出現，原本是卜蓍術書的《易經》，被提升及解讀成有包涵「天地之道（理）」之學。因此，《易・繫辭傳》曰：「易與天地準，故能彌綸天地之道。」

漢代以後，易學中的陰陽學說，與五行、九宮、干支、氣運、災變、律曆、卦氣、讖緯、天人感應說等相結合，形成易學中象數系統。而其他原與《易經》本來沒有關係的術數，如占星、形法、選擇，亦漸漸以易理（象數學說）為依歸。《四庫全書・易類小序》云：「術數之興，多在秦漢以後。要其旨，不出乎陰陽五行，生尅制化。實皆《易》之支派，傳以雜說耳。」至此，術數可謂已由「術」發展成「學」。

及至宋代，術數理論與理學中的河圖洛書、太極圖、邵雍先天之學及皇極經世等學說給合，通過術數以演繹理學中「天地中有一太極，萬物中各有一太極」（《朱子語類》）的思想。術數理論不單已發展至十分成熟，而且也從其學理中衍生一些新的方法或理論，如《梅花易數》、《河洛理數》等。

在傳統上，術數功能往往不止於僅僅作為趨吉避凶的方術，及「能彌綸天地之道」的學問，亦有其「修心養性」的功能，「與道合一」（修道）的內涵。《素問・上古天真論》：「上古之人，其知道者，法於陰陽，和於術數。」數之意義，不單是外在的算數、歷數、氣數，而是與理學中同等的「道」、「理」──心性的功能，北宋理氣家邵雍對此多有發揮：「聖人之心，是亦數也」、「萬化萬事生乎心」、「心為太極」。《觀物外篇》：「先天之學，心法也。……蓋天地萬物之理，盡在其中矣，心一而不分，則能應萬物。」反過來說，宋代的術數理論，受到當時理學、佛道及宋易影響，認為心性本質上是等同天地之太極。天地萬物氣數規律，能通過內觀自心而有所感知，即是內心也已具備有術數的推演及預測、感知能力；相傳是邵雍所創之《梅花易數》，便是在這樣的背景下誕生。

《易・文言傳》已有「積善之家，必有餘慶；積不善之家，必有餘殃」之說，至漢代流行的災變說及讖緯說，我國數千年來都認為天災，異常天象（自然現象），皆與一國或一地的施政者失德有關；下至家族、個人之盛衰，也都與一族一人之德行修養有關。因此，我國術數中除了吉凶盛衰理數之外，人心的德行修養，也是趨吉避凶的一個關鍵因素。

術數與宗教、修道

在這種思想之下，我國術數不單只是附屬於巫術或宗教行為的方術，又往往已是一種宗教的修煉手段——通過術數，以知陰陽，乃至合陰陽（道）。「其知道者，法於陰陽，和於術數。」例如，「奇門遁甲」術中，即分為「術奇門」與「法奇門」兩大類。「法奇門」中有大量道教中符籙、手印、存想、內煉的內容，是道教內丹外法的一種重要外法修煉體系。甚至在雷法一系的修煉上，亦大量應用了術數內容。此外，相術、堪輿術中也有修煉望氣色的方法；堪輿家除了選擇陰陽宅之吉凶外，也有道教中選擇適合修道環境（法、財、侶、地中的地）的方法，以至通過堪輿術觀察天地山川陰陽之氣，亦成為領悟陰陽金丹大道的一途。

易學體系以外的術數與的少數民族的術數

我國術數中，也有不用或不全用易理作為其理論依據的，如楊雄的《太玄》、司馬光的《潛虛》。也有一些占卜法、雜術不屬於《易經》系統，不過對後世影響較少而已。

外來宗教及少數民族中也有不少雖受漢文化影響（如陰陽、五行、二十八宿等學說）但仍自成系統的術數，如古代的西夏、突厥、吐魯番等占卜及星占術，藏族中有多種藏傳佛教占卜術、苯教占卜術、擇吉術、推命術、相術等；北方少數民族有薩滿教占卜術；不少少數民族如水族、白族、布朗族、佤族、彝族、苗族等，皆有占雞（卦）草卜、雞蛋卜等術，納西族的占星術、占卜術，彝族畢摩的推命術、占卜術…等等，都是屬於《易經》體系以外的術數。相對上，外國傳入的術數以及其理論，對我國術數影響更大。

曆法、推步術與外來術數的影響

我國的術數與曆法的關係非常緊密。早期的術數中，很多是利用星宿或星宿組合的位置（如某星在某州或某宮某度）付予某種吉凶意義，并據之以推演，例如歲星（木星）、月將（某月太陽所躔之宮次）等。不過，由於不同的古代曆法推步的誤差及歲差的問題，若干年後，其術數所用之星辰的位置，已與真實星辰的位置不一樣了；此如歲星（木星），早期的曆法及術數以十二年為一周期（以應地支），與木星真實周期十一點八六年，每幾十年便錯一宮。後來術家又設一「太歲」的假想星體來解決，是歲星運行的相反，週期亦剛好是十二年。而術數中的神煞，很多即是根據太歲的位置而定。又如六壬術中的「月將」，原是立春節氣後太陽躔娵訾之次而稱作「登明亥將」，至宋代，因歲差的關係，要到雨水節氣後太陽才躔娵訾之次，當時沈括提出了修正，但明清時六壬術中「月將」仍然沿用宋代沈括修正的起法沒有再修正。

由於以真實星象周期的推步術是非常繁複，而且古代星象推步術本身亦有不少誤差，大多數術數除依曆書保留了太陽（節氣）、太陰（月相）的簡單宮次計算外，漸漸形成根據干支、日月等的各自起例，以起出其他具有不同含義的眾多假想星象及神煞系統。唐宋以後，我國絕大部份術數都主要沿用這一系統，也出現了不少完全脫離真實星象的術數，如《子平術》、《紫微斗數》、《鐵版神數》等。後來就連一些利用真實星辰位置的術數，如《七政四餘術》及選擇法中的《天星選擇》，也已與假想星象及神煞混合而使用了。

隨着古代外國曆（推步）、術數的傳入，如唐代傳入的印度曆法及術數，元代傳入的回回曆等，其中我國占星術便吸收了印度占星術中羅睺星、計都星等而形成四餘星，又通過阿拉伯占星術而吸收了其中來自希臘、巴比倫占星術的黃道十二宮、四元素學說（地、水、火、風），並與我國傳統的二十八宿、五行說、神煞系統並存而形成《七政四餘術》。此外，一些術數中的北斗星名，不用我國傳統的星名：天樞、天璿、天璣、天權、玉衡、開陽、搖光，而是使用來自印度梵文所譯的：貪狼、巨門、祿存、文曲、廉貞、武曲、破軍等，此明顯是受到唐代從印度傳入的曆法及占星術所影響。如星命術的《紫微斗數》及堪輿術的《撼龍經》等文獻中，其星皆用印度譯名。及至清初《時憲曆》，置潤之法則改用西法「定氣」。清代以後的術數，又作過不少的調整。

術數在古代社會及外國的影響

術數在古代社會中一直扮演着一個非常重要的角色，影響層面不單只是某一階層、某一職業、某一年齡的人，而是上自帝王，下至普通百姓，從出生到死亡，不論是生活上的小事如洗髮、出行等，大事如建房、入伙、出兵等，從個人、家族以至國家，從天文、氣象、地理到人事、軍事，從民俗、學術到宗教，都離不開術數的應用。如古代政府的中欽天監（司天監），除了負責天文、曆法、輿地之外，亦精通其他如星占、選擇、堪輿等術數，除在皇室人員及朝庭中應用外，也定期頒行日書、修定術數，使民間對於天文、日曆用事吉凶及使用其他術數時，有所依從。

在古代，我國的漢族術數，甚至影響遍及西夏、突厥、吐蕃、阿拉伯、印度、東南亞諸國、朝鮮、日本、越南等地，其中朝鮮、日本、越南等國，一至到了民國時期，仍然沿用着我國的多種術數。

術數研究

術數在我國古代社會雖然影響深遠，「是傳統中國理念中的一門科學，從傳統的陰陽、五行、九宮、八卦、河圖、洛書等觀念作大自然的研究。……傳統中國的天文學、數學、煉丹術等，要到上世紀中葉始受世界學者肯定。可是，術數還未受到應得的注意。術數在傳統中國科技史、思想史，文化史、社會史，甚至軍事史都有一定的影響。……更進一步了解術數，我們將更能了解中國歷史的全貌。」（何丙郁《術數、天文

與醫學 中國科技史的新視野》，香港城市大學中國文化中心。）

可是術數至今一直不受正統學界所重視，加上術家藏秘自珍，又揚言天機不可洩漏，「（術數）乃吾國科學與哲學融貫而成一種學說，數千年來傳衍嬗變，或隱或現，全賴一二有心人為之繼續維繫，賴以不絕，其中確有學術上研究之價值，非徒癡人說夢，荒誕不經之謂也。其所以至今不能在科學中成立一種地位者，實有數困。蓋古代士大夫階級目醫卜星相為九流之學，多恥道之；而發明諸大師又故為惝恍迷離之辭，以待後人探索；間有一二賢者有所發明，亦秘莫如深，既恐洩天地之秘，複恐譏為旁門左道，始終不肯公開研究，成立一有系統說明之書籍，貽之後世。故居今日而欲研究此種學術，實一極困難之事。」（民國徐樂吾《子平真詮評註》，方重審序）

現存的術數古籍，除極少數是唐、宋、元的版本外，絕大多數是明、清兩代的版本。其內容也主要是明、清兩代流行的術數，唐宋以前的術數及其書籍，大部份均已失傳，只能從史料記載、出土文獻、敦煌遺書中稍窺一麟半爪。

術數版本

坊間術數古籍版本，大多是晚清書坊之翻刻本及民國書賈之重排本，其中豕亥魚魯，或而任意增刪，往往文意全非，以至不能卒讀。現今不論是術數愛好者，還是民俗、史學、社會、文化、版本等學術研究者，要想得一常見術數書籍的善本、原版，已經非常困難，更遑論稿本、鈔本、孤本。在文獻不足及缺乏善本的情況下，要想對術數的源流、理法、及其影響，作全面深入的研究，幾不可能。

有見及此，本叢刊編校小組經多年努力及多方協助，在中國、韓國、日本等地區搜羅了一九四九年以前漢文為主的術數類善本、珍本、鈔本、孤本、稿本、批校本等千餘種，精選出其中最佳版本，以最新數碼技術清理、修復版面，更正明顯的錯訛，部份善本更以原色精印，務求更勝原本，以饗讀者。不過，限於編校小組的水平，版本選擇及考證、文字修正、提要內容等方面，恐有疏漏及舛誤之處，懇請方家不吝指正。

心一堂術數古籍珍本叢刊編校小組

二零零九年七月

提要

《靈城精義箋》一卷

清　沈紹勳撰。

民國三十七年沈氏自得齋藏版。民國三十七年鉛印本。綫裝。虛白盧藏本。

沈紹勳（一八四九～一九零六），字蓮生，號竹礽①，清浙江錢塘人，乃北宋著名學者沈括後代。精堪輿之學，著述頗富，有：《周易易解》十卷、《周易示兒錄》三卷、《周易說餘》一卷、《錢塘沈氏數典錄》二卷、《錢塘沈氏家乘》十卷、《留直存牘》一卷、《自得齋叢說》、《泰西操法》六卷、《地雷圖說》二卷、《過山礮圖說》二卷、《沈氏玄空學》二卷（初版時與門人著作合刊為四卷，後再版增訂為六卷）、《仲山宅斷注》二卷（收入《增補沈氏玄空學》中）、《地理諸書正偽考》八卷、《地理辨正抉要》四卷、《卦氣集解》一卷、《卦氣直解》若干卷、《解惠棟易漢學正訣》八卷、《靈城精義箋》一卷、《說卦錄要》等。傳子祖縣、祖芬，弟子江志伊、曹秋泉、韓崑源、王則先等，孫延國、延發，再傳弟子申聽禪、楊天德等以傳其學。

《靈城精義箋》，沈氏自序云：「余年十六，因葬親獵涉《葬書》，初事三合，後知其非，繼得其緒。」所謂三合，是指堪輿學中理氣的一派。堪輿學自古以來即有形法、理氣兩大系統。或云：善斯道者，應是形理兼察。但於理氣之道，歷來派別眾多，唐代以降，多宗丘延翰、楊筠松所傳之法。然而丘楊所傳，亦眾說紛紜，在清代主要有三合、三元（又稱玄空）兩派。沈氏自謂「繼得其緒」，是指得習三元（玄空）派之理氣，並認為三元（玄空）派才是堪輿學理氣之真緒正宗。據說沈氏曾讀《易》一千七百多種，又博覽三合、三元群書，後來以重金從清代玄空名家章仲山後人處，借鈔得章氏之《陰陽二宅錄驗》一書，經苦思後才悟出其中秘訣。「然後訪尋舊定，以證所得，無不大驗。」自此沈氏力弘此學，著書立說，成一家之言，立志以此學救世；並一改當時三元（玄空）派中守秘藏私的弊病，將秘訣公開普傳，其學大盛，故自晚清以來，習三元（玄空）派者多宗沈氏，至今未衰。

《靈城精義箋》寫於光緒辛丑年（一九零一），是沈氏晚年作品。《靈城精義》二卷，相傳是五代何令通撰。沈氏認為，何令通實得玄空三昧，而後世注《靈城精義》，往往以形家及三合之說解釋，當時流傳的《靈城精義》版本，已「真偽雜出，注釋謬誤」。所以沈氏將自藏的《靈城精義》諸家版本，校其異同，并發揮其中隱義。尤其值得注意的是，沈氏當年所採用的《靈城精義》底本，在今天已是極為稀見的善本，例如相傳是清初有地仙之稱的三元（玄空）派宗師蔣大鴻得到秘本之處的魏相國家藏本、蔣大鴻授徒姜垚之鈔本、玄空上虞派端木國瑚傳本（徐迪惠鈔本）、玄空蘇州派朱小鶴傳本等，其中大部份在今天早已佚失了。

沈氏之玄空著述，坊間只得《沈氏玄空學》、《地理辨正抉要》二種，但這二種相對是偏重理氣，唯此書形法及理氣兼備，可補上述二種之不足。《靈城精義箋》初刊於民國三十七年（一九四八），時移世易，至今此書幾已湮沒失傳。如今為保存資料，特選此書，並作原色重刊。

---

① 墓表、傳、家乘所載有出入。此處據《錢塘沈氏家乘資料集》

沈竹礽先生遺著

靈城精義箋

錢崇威拜題

中華民國三十七年十一月沈氏自得齋藏版

沈竹礽先生所著書序

戊寅已卯間廣生辟兵海上與沈君瓞民居相近所治周秦諸子之學又略同以是往還無虛日因得詳其家世及其學術淵源之所自蓋其尊人竹礽先生固一代振奇之士也先生幼遭喪亂嘗見知於合肥李文忠公而卒不遇其行義詳唐君文治蔣君維喬所撰家傳及李君詳所撰墓表中謹舉其生平所著之書鉤元提要以眎後世學者猶陳壽撰諸葛君傳錄諸葛氏集目錄意也先生治易無漢宋門戶之見其立言以爲繫辭形上爲道形下爲器道卽理也器卽象也物生而後有象象而後有數所謂數者有先天之數有互體之數有先後天同位之數又有損益之數象以形見數以形推象由實而生數由虛而生至於理則舉凡格致誠正修齊治平之道莫不包括其中由象數而窮理其所見有淺深大小則仁者見仁知者見知之謂也又言易有聖人之道四焉以言者尚其辭以動者尚其變以制器者尚其象以卜筮者尚其占言與動爲形而上者謂之道制器爲形而下

者謂之器至卜筮則道與器皆備也繫辭下傳易曰困於石據於蒺藜一章皆釋形而上者謂之道古者包犧氏之王天下也一章皆釋形而下者謂之器器之備莫如文字故以文字終又言大衍與太極異此亘古解易者所未知之者也太極之數九十兩數在中先天之學也大衍之數五十兩數居中因後天之數坎一離九震三兌七乾六巽四坤二艮八皆對待而合十其數無五無十五十卽在大衍之中相乘得之蓋太極之數不可捉摸而大衍之數可以擬議太極與大衍若無有別則何必增一名目混淆人之耳目此作易者所不爲也又言易不言心象然無在而非心也心當在先天之乾坤與後天之坎離求之離象心中虛虛卽心也三畫之卦二爻爲人道此心卽人心也九五變離亦心也六畫之卦五六兩爻爲天道此心卽天心也又言八純卦六爻之變每卦必有歸魂其歸魂之氣仍全聚於本卦之內游魂者與歸魂相反其氣不泊於本宮而泊於對宮如後天乾宮諸卦有八首乾次天風姤三天山遯四天地否五風地觀六山地剝七火地晉八火天大有晉卽游魂卦也先天乾坤對待後天乾所居之卦屬離今離不在乾而在

乾對宮之坤不能反歸本宮故曰游魂至火天大有則先後天同居一位爲歸魂矣易之先天體也後天魂也乾在乾位體也後天之離居先天之體魂也魂在乾之對宮之坤而不能反於本位游魂也反乾本位歸魂也又言卦爻之遇先後天同位或對待者其占必吉其時而凶者則與本宮克害故也又言不明京氏之世位者不能得上下經序卦之本獨至九德三陳之理則雖反覆言之不敢強不知以爲知以俟後聖成周易易解十卷附示兒錄三卷其他說易之文散見他處如釋家人睽兩卦云家人一卦似指周室文王囚於羑里幸其家齊賴以不亡不若紂之罪在悅婦人惟婦言是聽而已睽卦似指紂事初九一爻似指紂之性乖故以惡人目之九二一爻似指妲己入宮之初六三一爻似指紂無人君之度九四一爻孤似指紂元夫似指文王六五一爻似指紂之不道上九一爻似指紂之所爲天怒人怨也其言皆極精警上虞鍾歆輯之成周易說餘一卷又以卦氣者歷法之大本詳載於易緯乾鑿度及稽覽圖二書中漢人治易知卦氣者惟孟京二氏成卦氣直解若干卷後毀於兵無錫黃元炳得其改正乾鑿度卦軌改正乾鑿

度貞辰進退説及黃梨洲主歲卦表張皋文六十四卦貞辰圖殘稿因成卦氣集解一卷又以元和惠氏易漢學於所引乾鑿度稽覽圖辨終備通卦驗是類謀及諸家易説多誤或改本書之字者一一爲之諟正成惠棟易漢學正誤八卷先生於易學外兼精術數言地理者三元三合聚訟紛如先生探原河洛悟五入中宮之理於大戴禮得明堂之制於乾鑿度明九宮之法於正光歷知紫白之圖之有自來於楊益曾文展蔣平階所注諸書靡不極深研幾斟酌變化旺山旺水之外有替卦以通其變有兩向以補其偏有三般卦以妙其用有打刼法以彌其缺有城門一訣以濟其窮成沈氏玄空學二卷地理諸書僞正考八卷其信之於古則有靈城精義箋一卷地理辨正抉要四卷其驗之於今則有仲山宅斷注二卷而理氣之真相挨星之正傳昭然其若發蒙凡其所學皆通於天地人之際張皇幽眇旁薄六合無愧於古之儒者此非江（永）李（兆洛）張（惠言）紀（大奎）端木（國瑚）及近賢廖平向壁虛造者所可同年而語也此外行世者尚有泰西操法六卷地雷圖説二卷過山礮圖説二卷爲文忠撫吳時所刊留直存牘一卷則光緒中先生應

文忠召赴威海衞旅順查覈海軍軍器時作也其述德述學之作別有錢唐沈氏家乘十卷數典錄二卷自得齋叢說若干卷辛巳四月如皋冒廣生

靈城精義箋自序

五季文物風流淹雅以南唐爲冠倚聲綺麗則李氏二主字學博究則校書二徐遺文可徵則博士馬縞有此數子豈非叔世下俚所矜負者邪其時術家之言純潔雅正傳於今者則有何令通靈城之篇辨龍穴之方述理氣之源君子流覽亦足以察吉凶雖小道可泥其也博大雅之一粲乎余年十六因葬親獵涉葬書初事三合後知其非繼得其緒乃與二三君子遨遊山水之間訪尋舊家證以所得無不大驗於是搜前哲之載籍憙覽披之有悟景純救貧立義漸明金精太素時有勝義至杜陵守祕視爲天機斯術不彰可不惜哉余戒前修之失希不蹈其謬欲盡發天心以告後之學者庚子春既續作地理辨正抉要略匡舛謬闡其要指曹胡諸君錄副以去猶以靈城一篇傳於今者已真僞雜出諸家注釋謬誤孔多爰校以諸本異同考其是非加以箋注庶令通舊誼重見於世微言奧義發揮略盡行斯術以救世殆無所失矣或以傳心之學行將大昌則吾豈敢亦將與仁孝

之士共硏討之而已
辛丑春正月錢唐沈紹勳序於自得齋

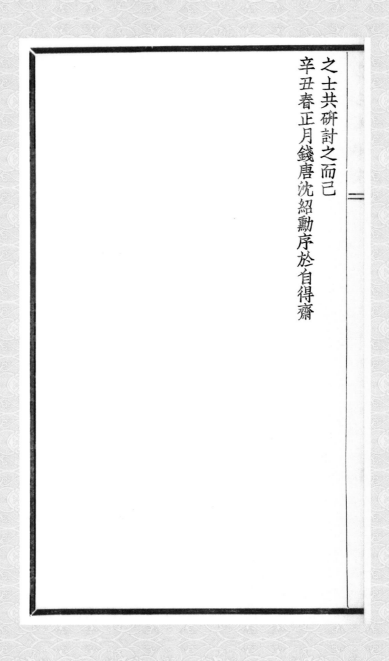

靈城精義箋緒論

靈城精義二卷舊本題南唐何溥撰四庫全書提要云「溥字令通履貫未詳是編上卷論形氣主於山川形勢辨龍辨穴下卷論理氣主於天星卦例生尅吉凶自宋以來諸家書目皆不著錄觀其言宇宙有大關合氣運爲主又言地運有推移而天氣從之天運有轉旋而地氣應之蓋主元運之說者考元運之說以甲子六十年爲一元配以洛書九宮凡歷上中下三元爲一周更歷三周五百四十年爲一運凡爲甲子九每元六十年爲大運一元之中每二十年爲小運以卜地氣之旺相休囚如上元甲子一白司運則坎得旺氣震巽得生氣乾兌得退氣離得死氣坤艮得鬼氣大抵因皇極經世而推演之其法出於明初寧波幕講僧五代時安有是說其非明以前書確矣其註題曰劉基撰前列引用書目凡二十二種如入式歌之類亦明中葉以後之僞書則出於贋作亦無疑義但就其書而論則所云大地無形看氣概小地無勢看精神水成形山上止山成形水中止龍爲地

氣水爲天氣諸語於彼法之中頗爲近理註文亦發揮條暢勝他書之弇鄙猶解文義者之所爲術數之書無非依託所言可採卽錄存以備一家眞僞固無庸辨亦不足辨也」考十國春秋云「何溥字會通袁州宜春人天資穎異習形家言元宗聞其賢累詔起之擢國子祭酒保大中鄒廷翊相皇陵於牛頭山溥言不利極表諫諍忤旨謫休寧令溥至邑卽改縣基吳王墓後倚松蘿山前名眞武下壇形未幾卜地縣東南隅居焉舍前劖石按太極八卦諸圖茂林修竹時時披襟嘯傲其間後主時復徵不起隱芙蓉山削髮爲頭陀雖假迹禪門絕不譚釋語每誦道德經必歎曰眞聖人也孔子豈欺我哉由是專修長生煉化之術所著論氣正訣一卷傳世」何氏字令通作會字者形近而誤江西通志藝文志亦云「十代文獻略誤其字爲會通」何氏習形家言如歙縣晃玲橋酉山卯向程氏墓地相傳爲何令通所卜察其形勢深得玄空三昧（又休寧南門外曹氏祖塋乾山巽向疑曾修遷非何氏手筆）惟所著論氣正訣則爲道家言不載靈城精義豈後世形家所託歟然闡述祕旨精義利解如冰釋泉湧要爲研玄（祖緜謹按凡避諱字今皆改正）空之要籍故樂爲注解以貽後之治斯學者又世傳

鐵彈子一書亦爲何令通所著惟其文不類豈可與靈城精義媲美乎
靈者大戴禮云陰之精氣曰靈也城者博物志載銘曰佳城鬱鬱指墓地言也

引用靈城精義板本

柏鄉魏相國家藏鈔本

汪氏鈔本卷首有歙縣汪氏藏書之印

姜垚手鈔本跋云錄魏相國家藏鈔本

知不足齋鮑氏鈔本分三卷卷帙較魏本汪氏本姜垚本爲多今據此本箋注

湖海樓鈔本

徐迪惠手鈔本跋云據端木國瑚藏鈔本謹錄一通箋據端木本卽據此

蔣國本同魏本卽地理正宗本也

朱小鶴本見地理辨正補引卽鮑氏本也

周梅梁本見地理仁孝必讀引

曾廉泉手鈔本跋云得諸端木國瑚家中廉泉松陽人與端木氏爲同郡人

附錄一

同竹礽峴源二兄遊皖南至婺源芙蓉山竹礽夢見何令通乃紀以詩

上虞曹源秋泉甫稿

沈生性酖山水癖南粵北燕事周游端歸未遑安袵席招我同登黃山頭行脚健步不知遠結伴者誰韓荆州攬勝東西兩天目疑身直上文選樓堪笑世人多盲瞎何不到此洗清流天都高聳懷琛寶松風稷稷拂綵斿四圍嵐翠碧空擁侍從羅列拜冕旒信安一郡形勢壯汪氏割據先婺留大溪橫亘千村落鬱鬱佳氣黍油油人文輩出俗敦厚峰迴路轉幾山郵去郡西入休寧境白嶽崚嶒邈難儔齊雲對峙屏與嶂松蘿崔巍氣全收令通宰邑改衙署從此物阜兼民稠去官儆屣跡高蹈大隱芙蓉讚清休芒鞋追尋百餘里四十七瀨費搜求野老家中常投宿古廟飲啄絕珍羞連朝風雨蕭蕭夜四壁蟲聲吟素秋靈城一卷共論氣濁酒滿壺聊紓憂深更牀頭聞囈語戔戔二字如歌謳我遽呼之君醒起云夢丈夫棲巖

陋道貌岸然衣冠古邀箋靈城事校讎流傳十六甲子矣其奈鼠雀任意偷爲言葩經三百首鄭箋毛傳譏贅疣此文無傳焉可箋其名不正言多尤大笑謂我太拘執原文本淺絕深幽君家錢唐錢从戔君字竹礽箋義周由來術人少識字總須平易爲人謀願君屬詞去奥妙雅谷共賞勝琳球君謂噩夢不足憑積悃所至機乃投爲紀其事溯鴻雪祝君縱筆氣如彪

在芙蓉山寓次與秋泉竹礽二兄讀靈城精義有村夫子略知三合者詢書中要義率成四絕貽之

蕭山韓河崐源稿

大道原非二求之太極中陰陽形影爾仿佛色和空

首章形氣說箇箇具雙瞳識得真龍虎前朝後勢雄

軍州多吉地其奈葬成凶天地無參兩乾坤昧始終

斡旋容易事分寸謝圓融倘得天心理方知不宰功

附錄二

讚何令通詩錄奉

竹礽仁兄世大人正之並求

賜和　世愚弟會極周梅梁求是草

勘破山川達化工一天星斗樂無窮心融河洛通神妙悟徹陰陽貫太空識見從來超象外機關悉盡在元中靈經少許歸無極自與風光月影同

奉和

梅梁老世丈大人讚何令通詩二首並求

誨正　世愚姪竹礽沈紹勳拜稿

天地壚兮造化工靈城奧妙義難窮差疑大易論先後那許凡夫識覺空玄祕上林疏解裏（文居餘姚上林鄉）仙機越水指明中（文謂游禹陵上香爐峰遇道人自謂華山處士之侶）愧余深契虞翻語拘守經言合六同

封奏山陵術未工懷才遭忌命何窮神人物色師關尹身世浮沉類鏡空齊君房削髮名鏡空錯脫遺文讎校外湮淪真宅訪求中余愛信安山水之勝訪令通遺跡順道至婺源泛舟鄱陽往金谿許灣求遺書未獲去年入夢芙蓉麓道貌儼然迥不同

靈城精義箋

錢唐沈竹礽先生遺著
男 祖緜訂補
孫 延國校刊

形氣章

案此章言地氣論其實也

宇宙有大關會氣運爲主

案尸子曰天地四方曰宇往古來今曰宙文子淮南子作四方上下謂之宇關會也會大計也　氣運卽素問之六氣五運俗註天之運三十年一小變百年中變五百年大變其說雖出史記天官書及漢書天文志然皆本先哲之言以觀世運變異舉其大數而言與氣運之理無涉氣運肇自大撓甲子憑干支以推世運所謂數也卽易之制數極數書之歷數也

山川有直性情氣勢爲先

案氣勢之氣湖海樓本作形字是也形勢與上氣運對文可證作氣字涉上誤也形者或方或圓或正或斜勢者或秀或硬或順或逆如明山川之形勢相陰陽之旺衰則真性情可洞悉也

地運有推移而天氣從之

案地運推移有二詩云高岸爲谷深谷爲陵如地震山崩川竭此天然之推移也趨吉避凶轉禍爲福乘氣定向合運此人爲之推移也然人定勝天則天必從之也　易有天道地道人道蓋地運既旺必以天運合之否則地吉葬凶不當令故也

天運有轉徙而地氣應之

案魏本天運作天氣地氣作地運轉徙卽衰旺也當令爲旺失令爲衰倘堂局完美而在失運之時葬之反凶不如勾搭小地能合運之爲得也所謂銅山西崩靈鍾東應也

天氣動於上而人爲應之

案天氣者合天心正運之氣也人能明其法乘氣葬之無不大吉此人爲能應天心也

人爲動於下而天氣從之

案以上八句言天地人三才感應之理重在從應兩字運有推移轉徙變化無窮從之應之皆在人爲而已

有聚講行講坐講則氣聚於龍

案魏本句首有夫星兩字此言千里來龍構結大地一星突起後身護纏必有侍衞屯軍坐甲如開府之尊元戎之貴始能結穴否則孤龍獨出結穴處堂局雖佳猶若虛花所謂有地無地須看後身是也　撼龍經云亂峰頂上亂石間此處名爲聚講山天機素書云問君聚講何以名亂石亂峰祖邊呈山羊指迷云龍身之聚散以講論龍之來也如層雲叠霧合氣連形遠大者千百里近小者數十里橫亘綿延或以五星或以九星聚而不分謂之聚講據此凡五星團

聚森森環立嵯峨玉峙此爲聚講之局俗書講作𡸁　又云卽聚之後分技劈脈榦從中出枝向旁行過峽穿帳兩邊各起峰巒或天弧天角或旗鼓倉庫叢聚拱護謂之行講　又云來歷旣遠必有住處如貴人登堂僚佐屬官排列拱揖又如行人抵家骨肉團聚謂之坐講　言龍者形勢曲折生動變化不可言狀故以龍名之有此三講其龍乃旺不然孤單無從非散氣而何

有權星尊星雄星則氣聚於勢

案尊星爲太祖山一方最尊太祖山之上若再有高峻之山跨連州郡謂之權星山洋指迷云論祖宗者必以出身之太祖始大幹龍太祖在數千里之遠特起名山跨州連郡高大插天萬派之山皆祖於此所謂權星是也凡一省一郡各有權星仙佛王侯卿相之地必本於此　又云小幹龍太祖在數百里之遠亦必特達高壓衆山或成龍樓寶殿金鑾瓊閣諸形所謂尊星是也正幹正結之地必本於此　又云枝龍太祖卽大榦龍之分枝亦有遠至數百里數十里者貴者臺屏帳蓋其次大面星辰再次小面星體所謂雄星是也　勢者指星

辰特起言

有蓋胎夾胎乘胎則氣聚於穴

案卜則巍云胎息孕育神變化以無窮此言胎息孕育然後成穴也蓋先起高峰謂之祖次起一峰謂之宗再起左右雙峰謂之父母父母下落脈處爲胎其下束氣處爲息再起頂爲孕融結穴處爲育此點穴須扶胎息之謂也在起頂處層次分明曰蓋胎　凡兩肩不漏而能藏風左右兩砂大入字（即俗云青龍白虎兩砂）環抱有情曰夾胎　凡左右減饒而能衞穴分水小入字（俗云蟬翼砂）隱顯分淸曰乘胎　三胎孕育陰陽交和草木暢茂土地肥厚穴始成矣雖石穴怪穴亦當如是觀

有收襟收堂收關則氣聚於局

案收襟一名合襟水穴前界止上分下合之水如胸前衣襟之交合故名合襟蓋脈來有分水以導之脈止有合水以界之此爲小分合卽合襟水也　堂者局之小者也大局爲城中局爲垣小局爲堂收堂卽合局二分合也　關者城垣也　收關卽大分合也其融結有三分三合穴之前后爲一分一合自起主

至龍虎所交爲二分合自少祖至山水大會爲三分合三者俱收其局乃成

陰勝逢陽則止陽勝逢陰則住雄龍須要雌龍御雌龍須要雄龍簇

案御魏本作輔郭璞葬書云氣從陽形從陰蓋陰陽相推而生變化者也地書言陰陽兩字衆說紛紜劉敦素云牝屬陰爲雌地理反以爲雄牡屬陽爲雄地理反以爲雌後之詰者綦多要有三說一據淮南子堪輿行雄以知雌許慎注堪天道也輿地道也以爲天光屬陽地氣屬陰故地理尙陰也二據楊曾答問曾問何者謂之陰來陽受楊曰脈來有脊入穴處有窩謂之陰來陽受何者謂之陽來陰受楊曰脈來微平入穴處有突謂之陽來陰受也三據蔡牧堂發微論水本動欲其靜山本靜欲其動欲向動上求靜靜上求動綜上三說郭景純以氣形而論重在從字所從者陰陽交互而言蓋孤陽不長孤陰不生故地書言陰陽不宗老陰老陽而以少陰少陽爲言此乃陽中有陰陰中含陽此亦楊松筠陰來陽受陽來陰受之意也蔡牧堂之說言山水動靜以爲其地融則雌雄必合雌雄相喜天地交通皆言自然之理也蔡氏云凸者脈沉凹者脈浮於

此相乘陰陽之理得矣註云凸者脈沉卽如突爲陰凹者脈浮卽如窩爲陽此言凸陰凹陽乃生生之妙用與凸陽凹陰何異乎蓋凹者陰含陽也凸者陽容陰也易大傳謂剛柔相推而生變化又夫乾其靜也專其動也直是以大生焉夫坤其陰也翕其動也闢是以廣生焉堪輿陰陽之論皆出於易理若執着陰陽凹凸不明其變則悖矣　此節曰止曰住曰御曰簇皆陰陽交媾之義也蔡邕獨斷云御者進也　白虎通云簇者湊也言萬物始大湊地而出之也

大地無形看氣概小地無勢看精神水成形山上止山成形水中止

案湖海樓本無形無勢四字衍當依湖海樓本作大地看氣概小地看精神方與上下文意符蓋大地雖看氣概亦要形勢偉大相配小地雖看精神亦賴氣勢澎勃相合否則凶多吉少後之術士故弄玄虛妄增無形無勢四字以譎術貽世地師不察守此誤文以爲玄妙所卜葬之地無不立敗蓋無形無勢安可結地哉　如水已成形則山上之氣已止山已成形則水中之氣已止然後方有結作此以坐朝而言也

認氣於大父母看尊星認氣於真子息看主星認氣於方交媾看胎伏星認氣於成胎育看胎息星認氣於化煞爲權看解星認氣於逢絕而生看恩星

案尊星胎息星見前　主星卽入首一節穴之所在也　楊茂叔胎伏論云胎伏者雌雄龍也胎生於前配陽爲雌其星仰照伏生於後配陰爲雄其星覆俯前後照應神氣交融金水環秀孕育而成仰高爲陽覆低爲陰胎伏星辰價值千金　解星亦謂之救星劉氏囊金云如土星行龍水星作穴土剋水本凶左右得木救得金助亦吉是於穴星上講制化也與所謂母星剋子死絕亡之旨異矣蓋母剋子則子死非左右之山所能制化也不如於行度相剋處講救星爲是凡龍身剝換有解星始能化煞爲權　恩星者結穴處水盛木漂土盛金埋星雖相生然不能生扶也水盛木漂宜土以制之土盛金埋宜木以洩之俗註以石勢嶒峻有一金星開面可爲倚坐羣峰皆伏有一高聳木星挺立秀嫩爲恩星此說非是　要之取地大者正多何必擇化煞逢絕之地行險徼幸君子不取也

認龍之氣以勢認穴之氣以情

案凡結穴處開面成座星辰跌頓有分有斂有仰有覆餘氣舒展賓主拱揖界水分明羽翼衞環所謂情也此據穴前而言但穴後亦須兼顧後身龍來幾節有鬼有托有樂有曜方能結穴斯瞻前顧後之謂也

龍備五行之全故山之形體象龍龍具變化之神故山之變換象龍

案龍具變化之神魏本作龍之變化極神此句魏本非當變換魏本端木國瑚本剝換較他本爲勝論五行之方木東金西火南水北土中也其形木直金圓火尖水曲土方也其形之秀者木文金武火祿水秀土富也惡者木蠢土愚金頑水蕩火燥也然須相生若純而不化非龍也是謂無生氣唐宋以後有五行配合五星串連相生名曰五星連珠或五星歸垣或五星聚講皆爲上格

龍之體純乎陽故山逢陽而化遇陰則生龍之性喜乎水故山夾水爲界得水則住龍之行御乎風故山乘風則騰藏風乃歇

案龍之性喜乎水諸本皆作龍之居止乎水是也葬書云氣乘風則散界水則

止又云古人聚之使不散行之使有止故謂之風水風水之法得水爲上藏風次之又云淺深得乘風水自成此說是也惟紹勳聞諸先哲云夾水爲界是指土山若石山則夾水能穿而另起星辰治玄空者不可不知也

龍必得巢乃棲故山以有局有關乃聚以無局無關乃散龍凡遇物則配故山以有配有合而止以無配無合而行

案窠字魏本作巢當作爲巢律以下文龍不窠是其證

辨龍生死須分三陰三陽辨穴生死須識陽多陰少

案龍之生死在於搏換搏換者變化也自老變嫩自粗變細經曰一搏一換大生細從大搏小真奇異龍自太祖以下起星脫煞枝脚橈棹左擁右護一節龍身頓跌起突處卽爲一陰一陽至穴前毬簷既形本身處兩界分明名送龍水此一陰一陽也穴側微茫界水名蝦鬚水亦一陰一陽也左右來水合襟穴前名合襟水亦一陰一陽也以全局而論穴中所開城郭合成一圈此一陰一陽也城中有垣此又一陰一陽也垣中有堂此又一陰一陽也三陰三陽起伏變

化山以能動者生不動者死水以能靜者生不靜者死一動一靜互相環循不可執一以論也　發微論云生死之說非一端大槪有氣者爲生無氣者爲死脈活動者爲生粗硬者爲死惟陽多陰少聚說匪一孰多孰少誰生誰死視地形勢而斷未可拘泥若貴陰賤陽或陽龍不悠久均非精奧之論總之巒頭各書所謂陰陽卽易云陰陽不測之謂神蓋陰陽者一闔一闢往來不窮謂之變通侯果云陰陽兩氣委屈成物是也龍穴皆作如是觀

龍有變體或爲頓住勒住穴有變格則爲墜宮纂宮

案頓住以緩取急勒住以急取緩墜宮之墜卽隧字隧者掘地爲墓道也葬之深遠　纂攢古通不葬而掩其柩曰攢蓋葬者言其深攢者言淺也俗註以纂宮爲培土成穴非當新舊唐書僧供曰客土無氣與地脈不逮譬身瘡痏補它肉無益也可破今人酷信培土築墳之非也

星體有正有輔兼襯貼之當辨穴情有顯有晦形氣影之宜詳

案詳魏本作求星體有二正者五星也輔者九星也兼襯貼三者兼併也如五

星之形不全須以九星名之謂之兼　襯者近身衣也貼者依附也皆以九星附合五星也蔣國山龍語類云星體有兼有貼有襯兼者一山而兼數星之體如不土不金或邊土邊金此金土兼體也貼者黏於前襯者撐於後龍身星體既明至於求穴不過探囊取物　穴情雖有顯晦惟晦者仍顯釋名形有形象之異也易云在地成形視其形之若何蓋粘倚撞吞吐浮沉隨形剪裁　氣謂噓吸出入蓋形者生之舍也氣者生之元也氣亦有憑藉噓吸出入卽吞吐浮沉之謂俗註以爲氣葬乃真氣忽隱忽現無形可見非當　影者物之陰影也列子云形動不生形而生影蓋龍真來而在田疇洲渚隱隱隆隆不可捉摸只相其精神會聚靈光欲露處據而穴之謂之葬影所謂孤月沉江其光在影是也此等地非深具眼力者千萬少用爲妙

蓋帳不開龍不窠輪暈不覆穴不住束咽不細氣不聚泥丸不滿氣不充

案穴後之山爲蓋山穴後張兩翅謂之帳蓋山惟大地有之以土星御屏爲上大金星次之山洋指迷云特起大星辰分開大面肩翅長垂兩角蓋過數節數

十節者爲蓋護　又云或曰帳字何義曰古人以行軍帳喻之謂出了後帳又開前帳如行軍帳一日一移也廖精金云十字帳爲上丁字帳次之金水帳爲上水星帳次之無蓋帳者龍氣不止焉得有穴　輪爲輪囷高大釋名輪綸也言瀰輪周匝也暈與穴暈之義不同暈爲外暈穴暈爲內暈暈指日旁氣而言在微殛微平呼吸浮沉之際如太極圖然謂之太極暈又有如半月狀者二三叠見謂之天輪暈此極貴之徵有輪暈其下方能融結成穴束咽指融結處能收收而束細咽喉龍身行度處以之定峽到頭一節以之觀入首謂之束氣無此束氣不能成龍又不能結穴然細者真而粗者僞泥丸者戰國策云王元請一泥丸東封函谷關蓋輪暈之下土色濃厚如小兒顖上顖門者謂之泥丸其氣充滿方能得穴也數百里來龍之地至此結穴不過一泥丸而已凡結正穴處一貴獨尊附近諸穴均俯首迴避若在穴中有見其左右穴地卽非正結也五星不離水土體九星常帶輔弼隨土星不作倚五星皆有撞火木不可蓋水土豈能粘

案此節魏本無倚撞蓋粘周景一所不談各書言穴者皆重視之楊松錡十六作法卽蓋粘倚撞斬截吊墜正求架折挨併斜撞也其要有四脈緩用蓋脈急用粘脈真用倚脈橫用撞又脫煞與粘無異藏煞與撞略同閃煞似倚而稍違所謂葬乘生氣是也總之點穴不外乎呑吐浮沉四字而已

坐宕坐旺坐煞是爲坐法金胎保胎破胎是爲作法

案魏本作坐殺坐旺又此節有誤煞者宜避不足爲法且坐宕坐旺坐煞六字與全胎保胎破胎不偶考湖海樓本作藏煞脫煞閃煞六字又汪氏鈔本藏煞作壓煞正與下文脫煞逢生連文且廖精金穴格亦有藏煞壓煞脫煞閃煞四煞之說可證也　宕卽蕩也俗謂紅旗穴與掃蕩相似有項凸名紅旗無項凸散者爲掃蕩尖者爲燥火此乃僞說　全胎保胎合葬法惟破胎以胎氣既破豈能下葬胎伏者雌雄龍也胎生於前配陽爲雌其星仰照是也要之胎乃兩儀交感其理至明雖有三胎之名不外二氣相蕩而已

挨生傍氣或爲脫殼借胎或爲子投母腹脫煞逢生或爲借母養子或爲以子救

母

案挨者挨生處也　傍者倚他脈也總之不外挨氣減饒點穴時辨別微茫界水裀褥脣毡以定穴脫殼借胎借母養子乃閃面之地其脈無正頂之起無大八字之分無脊脈之露者是也所謂穴者實行地之旋轉浮土受氣之作用微洩於外洩處爲界水界水曰深穴土曰堅土中無草木之根點穴宜多掘掘得真土方能定穴此謂真實不虛工夫地師往往自持明慧率爾從事鮮能有得子母兩字卽胎息之謂巒頭定穴時最要之法也俗註子母二字必卦氣生成先後天配合之真子母方能化煞此以理氣解巒頭非的論也

脫龍就局納前朝只爲半真半僞撩山劈硬處平基祇爲直來直受

案此節魏本無俗註脫龍就局非平洋不能誤矣山龍亦有脫龍就局者主山之下截然而止無胎息孕育左右別出一脈陡入平地借主山爲抱砂其後有高山借作主山此謂脫龍就局須面前堂局寬大朝迎有情方是真穴惟此形之地真僞難辨故曰半真半僞　撩山劈硬俗云拘龍就向龍之勢直趨到頭

而不開面須看兩傍平基明堂開於何處拘龍以向鐵彈子云就向拘龍消息乎明堂是也直來直受處不可下穴

平洋之脈常舒常散須要湯中浮酥山壟之氣常急常斂當看水面蟠蛇

案平洋與山地無異世人動謂平洋山地有異誤也平洋重在開口諺云平洋不開口仙人難下手可見開口之要其次以束氣爲要結穴處須有微突穴前須有合襟水不可裹頭外水忌穿割牽射反直斜冲也大水之內須有小水分合兩邊有水迎送穴法與山龍同其脈雖常舒常散須凝結不散如湯中浮酥辨諸於微而已　壟者田中高處此言山壟乃大阪也較平洋水少者爲山壟其脈宜緩亦須看水之開合方能定穴也

沒水之牛氣仰而吹宜乘其急出洞之龍氣直而吐宜乘其餘精華外露之氣如花宜葬其皮精華內釀之氣如果宜葬其骨

案此言穴法沒水之牛三句其勢雄急以粘論　出洞之龍三句其勢放直以倚論精華外露之氣如花二句其勢徐緩以蓋論　精華內釀之氣如果二句

其勢中和以撞論

龍穴有陰陽砂水亦有陰陽龍穴有生死砂水亦有生死

案此言陰陽指凹凸也　生死者指真僞也

氣有虛實法當以實投虛以虛投實氣有先後法當先到先收後到後收

案虛實者陽來就陰陰來抱陽也　葬乘生氣生氣者何開面是也同是一脈蜿蜒曲折先開面者爲先到後開面者爲後到　凡結穴全在收處察其真僞辨其來源

傍城借主須詳審乎樂託就向拘龍當消息乎明堂

案拘周梅梁改作拘非當傍城借主卽凹腦側腦沒骨諸穴也必以樂託爲憑樂託者在穴之後身是護穴者也如樂託在左則穴在左樂託在右則穴在右樂託在中則穴在中惟樂託不宜過高過高有凌轢欺壓之勢則奴欺其主就向拘龍見前撩山劈硬條注文

點穴須求三靜一動認氣須要百死一生

案三靜一動卽胎息孕育胎息孕靜也育動也諸家釋之非一大致父母山出脈爲胎胎者父母生氣之所孕結穴處爲息息者父母生氣之所育此說胎孕爲一事息育又爲一事則古人何必以四字爲解一說以玄武腦後發跡一節之山爲父母落脈處爲胎束咽過峽處爲息再起玄武腦爲孕結穴處爲育詰之者以爲胎與孕爲子未離母之稱育與息子既出腹之後而玄武腦既脫卸於父母非猶是孕也又以龍剝換分枝皆可稱爲父母胎息孕育而謂孕在息後於義又未盡合以上諸說皆未確當周景一以父母山開面出脈爲受胎胎前跌細如蜂腰處謂之息如母之受胎而養息也化生腦前亦復有微分微殌之呼而沉微平微起之吸而浮謂之孕如母之懷孕而孕之呼吸浮沉與母息相通也孕下開面隱分隱殌微有微起之動氣謂之育如子離母腹而自具呼吸沉浮之動氣故能育也其說較勝胎息孕三者宜靜育者宜動　死生兩字謂氣之大關鍵往往結穴處若失之毫釐則有大謬如砂飛水走死也砂抱水環生也死生之别在移步換形而已形成則氣自充此氣字在穴上下左右前

後觀察其勢自現也

有弦有棱則形真若湧若凸則氣到認氣難於認脈葬脈豈如葬氣

案魏本作有棱有弦（俗本作稜）真作成凸作突豈如葬氣作在於葬氣湖海樓本豈如作何如　弦在穴前則氣不漏棱在穴左右則界水分清　坐山勢湧則氣方到入首有突則穴方結　葬脈者得穴葬氣者僅以公共堂局言之非指正穴也凡一省一郡人口繁多必有數處公共堂局使民卜葬不可以正龍正穴而斷大都傍門借戶略有包裹開面便可下葬惟氣不專出人庸碌如吾杭西湖三台山共公堂局也諺云十六鼎甲三宰相尙書侍郎難斗量只要乘時而葬亦能富貴諺云走盡天邊難覓不及三台容易蓋三台山來脈雄偉厥土深厚開之一二丈尙未見水豈若蜂腰鶴膝之來脈有損斷之虞余聞諸先哲及平日經驗有結穴於共公堂局來脈有人作坟不作損傷來脈論以其土厚來脈作坟一洩土氣反能富貴也此葬氣勝於葬脈惜乎子孫庸庸厚福鮮有傑出之人才也

法葬之葬法在形裏會意之葬意在形表

案法葬見郭璞葬書指正結言會意則指公共堂局言爾若人煙稠密之處五六百家之村即有共公堂局之地惟不若城市之大也疑龍經變星篇即言此理惜讀者不解耳

龍之貴賤以格辨龍之正餘以祖辨龍之大小以幹辨故同龍論格同格論祖同祖論幹龍之去住以局辨龍之偏正以堂辨龍之真僞以座辨故同龍論局同局論堂同堂論座

案蔣國云前六句辨龍優劣後六句辨龍到頭

凶星不無夾雜祇要有胎有化吉曜縱然雄聳亦要有精有神

案凶星夾雜指穴後言須人目所不能見若後身煞刼太重亦不可用即穴前有胎有化亦爲高明所忌若穴前見凶星更棄諸如遺

陵谷變遷山川改色造物固自有時控制山川打動龍神作用亦自有法

案此節魏本無係後人竄入　以上四庫提要所謂上卷論形氣主於山川形

勢辨龍辨穴是也

理氣章

案此章言天氣論其虛也堪輿之道虛與實而已靈城一書分章考魏本端木諸本皆有理氣章而無下發源章魏本僅載理氣章之文而發源章文字一字不錄與四庫全書本合端木本僅錄發源章數節併入理氣章亦與四庫二卷本合端木國瑚本後有跋謂君被徵卜陵遵例流覽內府乃校錄以歸藏之行笈云云惟不錄劉基注考端木氏浙之青田人與劉氏同邑今不錄注文豈洞其僞而棄之歟

地無精氣以星光爲精氣地無吉凶以星氣爲吉凶

案漢書天文志云凡天文在圖籍昭昭可知者經星常宿中外官凡百一十八名積數七百八十三星皆有州國官宮物類之象其伏見蚤晚邪正存亡虛實闊陿及五星所行合散犯守陵歷鬭食彗孛飛流日月薄食暈適背穴抱珥虹蜺迅雷風祅怪雲變氣此皆陰陽之精其本在地而上發於天者也　欽定儀

象攷成後編測定恆星大小分爲七等共三千八十三星道光甲辰重修續編測定三千二百三十九星較乾隆時稍增後世術精數增故也此以星光爲精氣之謂也宋均易緯注云天文謂三光地理謂五土玉燭寶典引尚書考靈曜云天地開闢曜滿舒光元歷紀名月首甲子冬至日月五星俱起牽牛初日月若懸珠五星若編珠五行大義云七政有三解一云日月五星合爲七政二云北斗七星爲七政三云二十八宿布在四方方別七宿共爲七政此三種七政皆配五行並三辰之首也又引尚書緯云璇璣斗魁四星玉衡拘横三星合七齊四時五威五威者五行也五威在人爲五命七星在人爲七端北斗居天之中當崐崘之上運轉所指隨二十四氣正十二辰建十二月又州國分野年命莫不政之故爲七政公年疏引春秋元命苞云北者高也極者藏也言太一之星高居深藏故曰北極爾雅疏引春秋說題辭云星之爲言精也陽之榮也陽精爲日日分爲星故其字日生爲星說文云星萬物之精上爲列星从晶生象日月星辰考地理所謂星者代表光而已俗說繫於北斗殊非斗柄所指爲四

時二十四節也

用先天以統龍當詳明於四龍天星用後天以布局尤宜審乎三盤卦例

案魏本無明尤兩字三盤作三般湖海樓本同俗注以四龍天星貪巨祿文甲乙丙丁爲旺爲生則武破輔弼庚辛壬癸爲衰爲死殊誤盤中用先天者定形勢之用也四龍天星卽先天八卦奇隅之用奇用奇四星隅用隅四星後天八卦則爲左青龍右白虎前朱雀後玄武也後天布局五運之盤中五立極其餘一二三四六七八九各運以運字入中皆用後天三般卦例卽一四七二五八三六九隔四位起父母也又各運各有三般卦如一運以一二三九運以九一二二運以二三四八運以八九一皆三般卦例餘可類推

以龍定穴須審入路陰陽以水定向須看歸路陰陽

案以龍定穴巒頭重在蓋帳主山入首之形勢理氣重在入首之脈挨得何字如運剋龍龍剋運皆爲洩氣然不可一概而論須巒頭理氣並重巒頭形勢入首處倘遇巒金頑金遇九字反作吉論不作剋論　入路玄空秘旨云不知來

路焉知入路卽指山向言也　以水定向並非專指向上有水城門水口亦作以水定向論要一卦澄清不雜它元之字歸路者言歸於一也天元之龍必配天元之水地元人元亦同　此節陰陽非陽山陰水之陰陽乃玄空之陰陽也

入手入首則龍與脈之所由辨分金分經則來與坐之所由分

案魏本無兩所字　龍穴既定入手入首處視地盤之順逆陽順陰逆應排山生旺處有山排水生旺處有水則吉此言龍脈非巒頭之龍脈乃理氣之龍脈不可相混　分金有二先天用六十四卦以地盤所載之分金與天盤及山向兩盤挨得之分金互相對照有無反伏吟此其一地盤納音五子法與天盤挨得五子兩相比較有餘宜洩不足宜補卽百二十分金此其二分金不獨用於山向凡目所見者均可以分金斷之然大地百淳一疵不可拘泥分金養其一指　分經俗說四經五行山龍天一名天寶經商金父母東方爲天爲陽山龍地二名龍子經角木子男西方爲地爲陰山龍鬼三名玄女經宮羽水兄弟北方爲鬼爲陽山人龍四名寶照經徵火孫息南方爲人爲陰此實僞說之尤者

分經卽分四經天元龍子午卯酉屬陰四經也乾巽艮坤屬陽四經也人元龍寅申巳亥屬陽四經也乙辛丁癸屬陰四經也地元龍甲庚壬丙屬陽四經也辰戌丑未屬陰四經也此指元旦盤而言以每運而論則陰不是陰陽不是陽陰或是陰陽或是陽　來者指天盤來合何字也坐者指天盤坐陰坐陽也雖卦有變化而分經猶是也

脈看左右落則脈可辨真僞氣審左右加則氣可別淳漓

案上兩句言脈指巒頭下兩句言氣指理氣氣審左右加卽左挨右挨或順或逆淳漓者一卦純清也

龍脈有順逆乘氣自當有辨五行有顛倒作用各自有法

案龍脈順逆非形勢之順或逆乃玄空之陽順陰逆氣言生旺衰謝此乘氣指生旺之氣若衰謝爲脫氣　五行顛倒言玄空挨排之法五運二十四山向金是金木是木水是水火是火土居中央其餘各運因流行之氣不同則金非金木非木水非水火非火土非土矣以入中之字爲的察其流行入國此顛倒之

謂也青囊序云五行即在此中分祖宗却從陰陽出又云五行分布二十四即言此理也

氣有乘來脈而不容他雜者氣有借旁脈而可隔山取者氣有合初分脈而不爲遙遠者氣有串渡峽脈而不爲邀截者

案此節魏本湖海樓本端木國瑚本汪氏本等皆不錄且文淺意晦殆集巒頭書語旁注誤入歟

龍穴無尺寸之移受氣有耳腰之異分金有轉移之巧氣脈無毫髮之差

案魏本龍穴作立穴氣脈作氣綫湖海樓本氣脈作乘氣考魏本作氣綫非是當據湖海樓本改作乘氣　耳腰受氣即立向偏注之象非穴有耳腰之結也

中氣當避乘氣故取三七放棺旺氣宜乘分金亦取三七加向

案此節諸本皆不錄三七即三合法縫針加減之用玄空所不言蔣平階已力闢中鋒縫針之誤考中鋒縫針乃兼向替卦之用與分金無涉此節三合地師所竄入　朱小鶴云中氣即屬五黃法所當避周丈會極云中氣者五黃煞氣

卽反局也似皆昧於分金之理分金用納音如子與癸之中氣爲戊子丑與艮之中氣爲己丑納音屬火寅與甲之中氣爲庚寅卯與乙之中氣爲辛卯納音屬木辰與巽之中氣爲壬辰巳與丙之中氣爲癸巳納音屬水午與丁之中氣爲甲午未與坤之中氣爲乙未納音屬金申與庚之中氣爲丙申酉與辛之中氣爲丁酉納音屬火戌與乾之中氣爲戊戌亥與壬之中氣爲己亥納音屬木二十四山之中氣不獨無土則何來五黃乎可證兩說之誤不明中氣僞託隱語使學者迷入歧途矣

脈不直而氣直何畏直來直受氣不斜而棺斜乃爲正貫正承

案湖海樓本汪氏本無此節亦係淺人竄入

龍以脈爲主穴以向爲尊水以向而宅向以局而分

案魏本宅作定玄空之法重在立向立向以水爲最要水有零神其效尤速有水放光爲囚不住之局發跡悠久青囊序云朱雀發源生旺氣青囊奧語云向放水生旺有吉休囚否天玉經云向水流歸一路行到處有聲名又云先定來

山後定向聯珠不相放又云本向本水四神奇代代着緋衣都天寶照經云只向水神朝處取莫說後無主又云水來當面是真龍五歌云向首一星災福柄去來二口生死門此皆支離破碎了無情義直截言之立穴以向首爲最要向上有水則尤貴總之向上有水水裏排龍須到向方爲生旺若向上無水水裏排龍不到向而上山卽爲休囚

來路看四生坐下看四絕局內看三合向上看雙金

案諸本皆無此節四生四絕三合雙金皆三合家言玄空亦有三合卽天玉經所謂龍要合向向合水水合三吉位是也此與三合家所指三合異

制煞莫如乘旺脫煞正以扶生從煞乃化爲權留煞正爾迎官

案諸本無此節亦三合家雜揉巒頭理氣之言也玄空以當令爲旺未來爲生衰謝爲煞故能生旺之氣曰乘得衰謝之氣曰脫

客水客砂尚可招邀取氣真夫真婦猶嫌半路相逢

案客水客砂者玄空祕旨云非正配而一交有夢蘭之兆蓋言向首雖不當令

旁有城門亦可取氣也　真夫真婦者玄空祕旨云夫婦相逢於道路卻嫌阻隔不通情天玉經云共路兩神爲夫婦認取真神路是也蓋言立向雖當令形巒相背則作凶論也

陰用陽朝陽用陰應合之固眷屬一家山運收山水運收水分之亦互爲生旺

案此陰陽非山水之陰陽亦非玄空盤理陰逆陽順之陰陽都天寶照經云時師但云講八卦却把陰陽分兩下陰山只用陽水朝陰水只用陽山收俗夫不知天機妙自把山龍錯顛倒又云陽若無陰定不成陰若無陽定不生陽水陰山相配合兒孫天府早登名與此陰用陽朝陽用陰應之理相符章甫直解云陰陽卽來者爲陽往者爲陰之陰陽也陰山陽水當用將來之氣挨入中水已往之氣裝在山上卽爲陽水陰山此陰陽是氣運消長之陰陽非干支卦爻之陰陽又非左到右到之陰陽又非上元必須離水下元必須坎水之陰陽又非以來水爲陽去水爲陰之陰陽也參透此關方知生成配合之妙理矣水裏掛龍水裏得陽山上得陰山上排龍山上得陽水裏得陰此謂之陽水陰山陰水

陽山也章說頗當此陰陽指陰山陽水言也然陰卽是山非山而亦山陽卽是水非水而亦水陽水陰山相合則固眷屬一家矣排山有山排水有水則謂之生旺

主有主氣內宜權乎五行堂有堂氣外宜觀乎四勢

案諸本均無此節亦後人竄入且意亦與上合疊主卽主山及穴前內卽內堂堂卽堂局砂收關攬指此而言也

龍爲地氣當從骨脈實處竅其內而注之水爲天氣當從向方虛處竅其外而引之

案龍爲地氣水爲天氣卽上文陰用陽朝陽用陰朝地師宜舉一反三悟之卽得也

在天成象在地成形同一氣故天象以太陽爲尊而地法以廉貞爲主同以火星爲萬象之宗象垂吉凶形分禍福同一域故星光以歲星爲德而地法以貪狼爲貴同以木星爲萬象之榮

案魏本而地法以廉貞爲主作而地法廉貞爲祖萬象之榮作萬象之華湖海樓本汪氏本均無此節係後人將巒頭之論附入於此　俗說歲星皆不切當或以太歲誤爲歲星太歲者一歲一行如子年在子丑年在丑是也歲星木星也十二歲一周天以十二支排列每歲一支故曰歲星

先天一陰一陽對配爲主故四龍天星惟取相配陰與陽合陽與陰合後天分陰分陽致用爲主故八方坐向可借爲配坐陽收陰坐陰收陽

案此言盤中先天二層看巒頭實爲正宗一陰一陽者乾坤對配陽陰合也兌艮對配陰陽合也離坎對配陰陽合也巽震對配陰陽合也四龍天星見前後天一層分陰分陽以二十四山向分陰分陽此陽中有陰陰中有陽觀其坐向可借配陰陽坐陽收陰坐陰收陽者卽前文陰用陽朝陽用陰應也

先天後天先爲體而後爲用貴通其變陰陽二氣陽非賤而陰非貴在適其宜

案魏本先天後天作先後二天陽非賤而陰非貴作陽非貴而陰非賤　先天爲體巒頭也後天爲用盤理也地吉而時不吉雖吉亦凶貴通其變而已貴陽

賤陰或貴陰賤陽如陽龍不悠久之說皆巒頭之說玄空之陰陽陰非陰而陽非陽故玄空以雌雄代陰陽到山到向之地陰陽適其宜也然陰陽二氣須活動看法到山到向之地須坐後有山前面有水否則取坐空朝滿之局此玄空妙理陰陽二氣之變易也

地以八方正位定坤道之權輿故以正子正午爲地盤居內以應地之實天以十二分野正躔度之次舍故以壬子丙午爲天盤居外以應天之虛

案諸本無此節此三合家言針盤定式與玄空之說異蔣大鴻力闢中針縫針之謬　分野諸星座學者均無確指其實分野者周時分封之日躔度在何星卽以此星爲分野也

發源章

案此章魏本不載湖海樓本端木國瑚本僅有數節在理氣章內均無發源章考四庫全書提要云下卷論理氣主於天星卦例生剋吉凶可證二卷係古本俗本增發源章將理氣章分出數節附以後人論靈城之義又

經殘者竄入三合僞法本當刪去以合古本四庫本非草莽下士所可寓目吾鄉文瀾閣本亦屢覓未得然世之善本少而鮑本流行不正其謬恐地師正僞不辨乃錄鮑本論其是非使淄澠之分可察其毫釐云爾

地之道靜亘古無常而不移故子午一盤主地氣配六十四卦以立體

案諸本無此節惟此節與上章結語同子午一盤爲五運元旦之盤理氣家所宗三合家亦用之惟法不同

天之道動與時變通而無定故壬癸兩盤主天氣配三盤三百八十四爻以彰施

案諸本皆無此節皆三合家言壬癸兩盤左挨右挨卽替卦是也若云主天氣則悖矣理氣盤中十二次舍二十四候指天氣言也

地有地氣天有天氣其源未始不合其用自有不同

案此節魏本不載惟端木國瑚本錄之此言天地二氣其源則同其用則因元運而異

龍有龍法向有向法其理本爲一家其勢難於歸一

案此節魏本湖海樓本汪氏本等不載惟端木國瑚本錄之　龍指山言向指水言地局合法而向不得法排山者無山排水者無水亦作凶論　歸一者指到山到向言也

龍有一定之龍氣無一定之氣向無一定之向此大概之言

案此節諸本皆不載氣無一定之氣指元運言也向無一定之向指合時則吉背時則凶也

龍有一定之龍氣無一定之氣向無一定之向而功有一定之功此入微之論

案此節諸本均不載承上文而言皆後之習靈城者釋前文之詞也功有一定之功指玄空之用氣運轉移立穴定局用法固有一定知巒頭之形勢而據玄空之妙訣此入微之論也

精神在於一線之開元奥處乎毫髮之際同一龍可貴可賤同一向可富可貧同一局可興可敗同一位可殺可生

案湖海樓本端木國瑚本載錄之此節言精神元奥在於時之一字得時則可

貴可富可興可生失時則可賤可貧可敗可殺地吉而葬凶下葬之時失時故也青囊序所謂但逢死氣皆無取是矣

純雜辨乎微芒得失閒乎纖介元著者盈縮之道假幽者拱運之情盈縮不明可知虛實拱運勿識邪辨假真

案湖海樓本端木國瑚本載錄之湖海樓本可知虛實作何知虛實義較它本爲勝然此節淺人竄入詞義晦澀

五行固爲作用之源止此尚粗而吉凶未可據

案湖海樓本端木國瑚本載錄之此節經淺人竄改與原文不類止此尚粗費解

三盤乃臻精微之妙進此溫深而功用可通神

案湖海樓本端木國瑚本載錄之三盤者乃天盤與向山兩盤也而非正針中針縫針之三盤也

生中藏煞覩乎內運可知大抵童年早喪而旺內藏衰同准煞內藏生審乎內運

誰艮亦多老壽粗安而衰處藏神合斷

案此節諸本皆不載凡雙星會合於向首或雙星會合於坐山其氣不純作藏煞論又排水處無水排山處無山亦作煞論此乃地師倣玄空祕旨諸書之斷訣與靈城精義文義不類

次察爻位之周流窮六虛之祖氣

案湖海樓本載此爻位之周流卽八國挨排所得之字易大傳云周流六虛是也有以易之六爻取子父財官排裝一卦者大謬更有以奇門貴人祿馬官星四吉硬湊八國更屬妄謬總之八卦爲八國加入中宮爲九宮至六爻總括之法非精於易者不能知之也

終歸一卦之得法乃識源流之短長

案此節湖海樓本載錄天玉經云地畫八卦誰能會山與水相對又云卦內八卦不出位代代人尊貴又云要求富貴三般卦出卦皆貧乏都天寶照經云天機妙訣本不同八卦只有一卦通又云都天大卦總陰陽玩水觀山有主張皆

此義也源流短長在向首一星巽乾最短僅二十年乾巽最久得一百八十年運之短長以向首臨天向之字爲斷然前面有水作囚不住論卽最短之巽乾亦作悠久論也惟乾巽內前面無水地運雖長亦不能發跡也

須求兩法之得宜無分彼此之異氣

案此節湖海樓本載錄兩法者青囊序云龍分兩片陰陽取青囊奧語云顛顛倒二十四山有珠寶順逆行二十四山有火坑是也

真龍本無相悖穴好自得和同

案此兩句湖海樓本載錄青囊奧語云要識龍身行與止又云來脈明堂不可偏蓋能生旺乘氣元運當令一卦澄清謂之和同

地道順承天道故天道順而地道不能違乃見後天之功至大天道資乎地道故地道逆而天道不能久乃見先天之功可常

案湖海樓本載此亦後之術士附入地道逆而天道不能久乃見先天之功可常於義欠通地道逆乃陰陽顛倒之法天道能久之謂何不能久乎此乃不明

陰陽之變而生妄解者也

有推移地運之功而天道從吾手有旋轉天運之道而地氣應吾功

案湖海樓本載此言三才之道人定勝天若人能知卦理則推移旋轉皆屬人爲蔣大鴻云最難識得者是天心然天心在我掌中我欲如何天心便如何此所謂人力勝天也此說塙當可以解此

所以有可傳之龍法無可傳之羅經有已傳之三盤有不傳之三盤

案湖海樓本載此何謂羅經羅指四維而已俗謂之楊盤又云元旦盤救貧所手製其盤用於五運不誤三盤者中針一盤兼左兼右二盤是也此盤當時楊氏已傳授於人惜後人擅改以天地人三盤卦位正子正午壬癸穿山透地誤也　不傳之三盤卽一九二八三七四六各運入中立極之天盤山向二星盤所謂陰不是陰陽不是陽之三盤也惜當時以天機不可洩漏隱約其辭令人暗中摸索未能使人一目了然遂致僞說紛紜莫衷一是

道開於聖人秘藏諸天地苟洞天旋地轉之機始悟傳中不傳之妙

案湖海樓本載此總結上文言玄空妙理不外易之生生變化陰陽相盪如能悟得此理玄空精蘊盡在乎是矣

再傳弟子　王則先　秦碧澄　王崇漢　校字